Audio Activities Booklet

GLENCOE FRENCH 1A

Bon voyage!

Conrad J. Schmitt • Katia Brillié Lutz

Glencoe McGraw-Hill

New York, New York   Columbus, Ohio   Chicago, Illinois   Peoria, Illinois   Woodland Hills, California

Glencoe/McGraw-Hill

A Division of The ***McGraw-Hill*** *Companies*

Send all inquiries to:
Glencoe/McGraw-Hill
8787 Orion Place
Columbus, OH 43240-4027

ISBN: 0-07-824276-2 (Teacher Edition, Audio Activities Booklet)
ISBN: 0-07-824277-0 (Student Edition, Audio Activities Booklet)

Printed in the United States of America.

3 4 5 6 7 8 9 10 024 08 07 06

Table des matières

Chansons de France et de Nouvelle-France

En passant par la Lorraine

1 En passant par la Lorraine,
Avec mes sabots[1] *(bis)*
Rencontrai trois capitaines,
Avec mes sabots dondaine*,
Oh, oh, oh! avec mes sabots!

2 Rencontrai trois capitaines
Avec mes sabots, *(bis)*
Ils m'ont appelée vilaine,
Avec mes sabots dondaine,
Oh, oh, oh! avec mes sabots!

3 Ils m'ont appelée vilaine,
Avec mes sabots, *(bis)*
Je ne suis pas si vilaine,
Avec mes sabots dondaine,
Oh, oh, oh! avec mes sabots!

4 Je ne suis pas si vilaine,
Avec mes sabots, *(bis)*
Puisque le fils du roi m'aime,
Avec mes sabots dondaine
Oh, oh, oh! avec mes sabots!

---

[1] sabots *clogs*

***dondaine** from **dondon** is an onomatopoeia which suggests the thumping sound of the clogs. It also rhymes with **Lorraine, capitaines,** and **vilaine.**

Les Compagnons de la Marjolaine

1 Qui est-ce qui passe ici si tard,
Compagnons de la Marjolaine?
Qui est-ce qui passe ici si tard,
Gai, gai, dessus le quai?

2 C'est le chevalier du guet,
Compagnons de la Marjolaine.
C'est le chevalier du guet,
Gai, gai, dessus le quai.

3 Que demande le chevalier,
Compagnons de la Marjolaine?
Que demande le chevalier,
Gai, gai, dessus le quai?

4 Une fille à marier,
Compagnons de la Marjolaine.
Une fille à marier,
Gai, gai, dessus le quai.

(Et ainsi de suite.)

5 Qu'est-ce que vous me donnerez [...]

6 De l'or[1], des bijoux[2] assez [...]

7 Je n'suis pas intéressée [...]

8 Mon cœur je vous donnerai [...]

---

[1] De l'or *gold*
[2] des bijoux *jewels*

La Belle Françoise

1 C'est la belle Françoise, lon, gai,
C'est la belle Françoise,
Qui veut s'y marier, ma luron, lurette,
Qui veut s'y marier, ma luron, luré.

2 Son ami va la voir, lon, gai,
Son ami va la voir,
Bien tard après le souper, ma luron, lurette,
Bien tard après le souper, ma luron, luré.

3 Il la trouva seulette, lon, gai,
Il la trouva seulette,
Sur son lit qui pleurait, ma luron, lurette,
Sur son lit qui pleurait, ma luron, luré.

4 —Ah! Qu'a'vous donc, la belle, lon, gai,
Ah! Qu'a'vous donc, la belle,
Qu'a'vous à tant pleurer? Ma luron, lurette,
Qu'a'vous à tant pleurer? Ma luron, luré.

5 —On m'a dit, hier au soir, lon, gai,
On m'a dit, hier au soir,
Qu'à la guerre vous alliez, ma luron, lurette,
Qu'à la guerre vous alliez, ma luron, luré.

6 —Ceux qui vous l'ont dit, belle, lon, gai,
Ceux qui vous l'ont dit, belle,
Ont dit la vérité, ma luron, lurette,
Ont dit la vérité, ma luron, luré.

V'là l'bon vent

Refrain
V'là l'bon vent, v'là le joli vent,
V'là l'bon vent, ma mie m'appelle,
V'là l'bon vent, v'là le joli vent,
V'là l'bon vent, ma mie m'attend.

1 Derrière chez nous y a un étang[1] *(bis)*
Trois beaux canards s'en vont baignant.

2 Le fils du roi[2] s'en va chassant *(bis)*
Avec son beau fusil[3] d'argent.

3 Visa[4] le noir, tua[5] le blanc, *(bis)*
—Ô fils du roi, tu es méchant.

4 D'avoir tué mon canard blanc! *(bis)*
Par-dessous l'aile il perd son sang.

5 Par les yeux lui sort des diamants, *(bis)*
Et par le bec l'or et l'argent.

6 Toutes ses plumes s'en vont au vent, *(bis)*
Trois dames s'en vont les ramassant[6].

7 C'est pour en faire un lit de camp *(bis)*
Pour y coucher tous les passants.

---

[1] étang *pond*
[2] roi *king*
[3] fusil *rifle*
[4] Visa *aimed at*
[5] tua *killed*
[6] les ramassant *gathering them up*

Je veux m'marier

1 Je veux m'marier,
Je veux m'marier,
Je veux m'marier,
Mais la belle veut pas.

2 Ô la belle veut,
Ô la belle veut,
Ô la belle veut,
Mais les vieux veulent pas.

3 Ô les vieux veulent,
Ô les vieux veulent,
Ô les vieux veulent,
Mais j'ai pas d'argent.

4 J'ai pas d'argent,
J'ai pas d'argent,
J'ai pas d'argent,
Et les poules pondent pas!

J'ai 'té au bal

1 J'ai 'té au bal hier au soir. Ah, là là!
J'ai 'té au bal hier au soir. Ah, là là!
J'ai 'té au bal, mais dis pas à pape.
Il voudrait pas et dirait «Non, non!» Ah, là là!

2 Je vais m'marier. Ô Maman. Ah, là là!
Je vais m'marier. Ô Maman. Ah, là là!
Je vais m'marier, mais dis pas à pape.
Il voudrait pas et dirait «Non, non!» Ah, là là!

3 Je suis mariée, Ô Maman. Ah, là là!
Je suis mariée, Ô Maman. Ah, là là!
Je suis mariée. Tu peux dire à pape.
Il peut rien faire et je m'en fiche bien[1]! Là là là!

---

[1] je m'en fiche bien *I don't care!*

Savez-vous planter les choux?

1 Savez-vous planter les choux,
À la mode, à la mode,
Savez-vous planter les choux,
À la mode de chez nous?

2 On les plante avec le doigt,
À la mode, à la mode,
On les plante avec le doigt,
À la mode de chez nous.

3 On les plante avec le pied,
À la mode, à la mode,
On les plante avec le pied,
À la mode de chez nous.

4 On les plante avec le genou,
À la mode, à la mode,
On les plante avec le genou,
À la mode de chez nous.

(Et ainsi de suite.)

5 On les plante avec le coude [...]

6 On les plante avec le nez [...]

7 On les plante avec la tête [...]

Dans la forêt lointaine

Dans la forêt lointaine
On entend le coucou.
Du haut de son grand chêne[1]
Il répond au hibou[2]
Coucou, hibou
Coucou, hibou
Coucou, hibou
Coucou...
On entend le coucou.

---

1 chêne *oak tree*
2 hibou *owl*

Les éléphants vont à la foire

Les éléphants vont à la foire.
Mais que vont-ils y voir?
Le gai babouin,
Qui dans l'air du matin,
Peigne ses cheveux de lin[1].

Le singe[2] tomba du banc,
Sur la trompe de l'éléphant.
L'éléphant fit atchoum
Et se mit à genoux.
Mais qu'advint-il du[3] singe
Du singe...
Du singe...
Du singe...

---

1 lin *flax*
2 singe *monkey*
3 qu'advint-il du *what became of*

La Carmagnole

1 Madame Veto avait promis: *(bis)*
De faire égorger tout Paris[1]. *(bis)*
Mais son coup a manqué,
Grâce à nos canonniers.

Refrain
Dansons la Carmagnole,
Vive le son, vive le son,
Dansons la Carmagnole,
Vive le son du canon!

2 Monsieur Veto avait promis: *(bis)*
D'être fidèle à son pays. *(bis)*
Mais il y a manqué,
Ne faisons plus de quartier[2].

(Refrain)

3 Amis, restons toujours unis: *(bis)*
Ne craignons pas nos ennemis. *(bis)*
S'ils viennent nous attaquer,
Nous les ferons sauter[3].

(Refrain)

---

1 faire égorger tout Paris *have everyone in Paris killed*
2 Ne faisons plus de quartier. *Let's have no mercy.*
3 les ferons sauter *blow them up*

Il est né le divin enfant

Refrain
Il est né le divin enfant,
Jouez hautbois, résonnez musettes,
Il est né le divin enfant,
Chantons tous son avènement[1].

1 Depuis plus de quatre mille ans,
Nous le promettaient les prophètes,
Depuis plus de quatre mille ans,
Nous attendions cet heureux temps.

(Refrain)

2 Ah! Qu'il est beau, qu'il est charmant!
Ah! Que ses grâces sont parfaites!
Ah! Qu'il est beau, qu'il est charmant!
Qu'il est doux ce divin enfant!

(Refrain)

---
1 avènement *coming*

Chant des adieux

1 Faut-il nous quitter sans espoir,
Sans espoir de retour,
Faut-il nous quitter sans espoir,
De nous revoir un jour?

Refrain
Ce n'est qu'un au revoir, mes frères,
Ce n'est qu'un au revoir,
Oui, nous nous reverrons, mes frères,
Ce n'est qu'un au revoir!

2 Formons de nos mains qui s'enlacent,
Au déclin de ce jour,
Formons de nos mains qui s'enlacent,
Une chaîne d'amour.

(Refrain)

3 Unis par cette douce chaîne,
Tous, en ce même lieu.
Unis par cette douce chaîne,
Ne faisons point d'adieu.

(Refrain)

4 Car Dieu qui nous voit tous ensemble,
Et qui va nous bénir,
Car Dieu qui nous voit tous ensemble,
Saura nous réunir.

(Refrain)

Nom ____________________ Date ____________

A Bonjour!

Activité 1 **Listen.**

Activité 2 **Listen and repeat.**

Activité 3 **Listen.**

Activité 4 **Listen and repeat.**

Activité 5 **Listen.**

Activité 6 **Listen, repeat, and answer.**

B Au revoir!

Activité 1 **Listen.**

Activité 2 **Listen and repeat.**

Activité 3 **Listen.**

Activité 4 **Listen, repeat, and answer.**

C Les noms

Activité 1 **Listen.**

Activité 2 **Listen, repeat, and answer.**

Activité 3 **Listen.**

Leçon préliminaire D-E

Nom ______________________ Date ____________

D La politesse

Activité 1 **Listen.**

Activité 2 **Listen, repeat, and answer.**

Activité 3 **Listen and repeat.**

E La date

Activité 1 **Listen.**

Activité 2 **Listen, repeat, and answer.**

Activité 3 **Listen.**

Activité 4 **Listen and repeat.**

Activité 5 **Listen.**

Activité 6 **Listen and repeat.**

Activité 7 **Listen.**

Activité 8 **Listen, repeat, and answer.**

Nom ______________________________ Date ______________

L'heure

Activité 1 **Listen.**

1 h
Il est une heure.

2 h
Il est deux heures.

10 h
Il est dix heures.

Il est midi.

Il est minuit.

1 h 05
Il est une
heure cinq.

3 h 10
Il est trois
heures dix.

4 h 25
Il est quatre heures
vingt-cinq.

Nom ______________________ Date ______________________

4 h 50
Il est cinq heures
moins dix.

5 h 40
Il est six heures
moins vingt.

9 h 35
Il est dix heures
moins vingt-cinq.

2 h 15
Il est deux
heures et quart.

6 h 45
Il est sept heures
moins le quart.

6 h 30
Il est six heures
et demie.

Activité 2 **Listen and repeat.**

Activité 3 **Listen.**

Activité 4 **Listen, repeat, and answer.**

CHAPITRE 1

Nom ______________________ Date ____________

Une amie et un ami

Première partie

Vocabulaire Mots 1

Activité 1 Listen and repeat.

Activité 2 Listen, read, and repeat.

américain intelligent

blond intéressant

patient

Activité 3 Listen and choose.

Elle est de Lyon.	
C'est Olivier.	
Voilà Maïa.	
Il est français.	
Elle est française.	
Il est de Paris.	

Vocabulaire Mots 2

Activité 4 Listen and repeat.

Activité 5 Listen, read, and repeat.

dynamique égoïste

énergique enthousiaste

populaire sociable

timide

Nom ______________________ Date ______________

Activité 6 **Listen and choose.**

Je suis américaine.	
Elle est française.	
Je suis une amie de Dominique.	
Je suis de Californie.	
Je m'appelle Laura.	
Dominique est une fille.	

Activité 7 **Listen and circle.**

LOTO

31	35	47	54	46
49	42	59	32	55
35	32	34	61	33
51	60	45	57	41
67	35	66	43	65

Structure

Activité 8 **Listen and choose.**

	1.	2.	3.	4.	5.	6.	7.	8.
un								
une								

Activité 9 **Listen and write.**

1. ______ trompette
2. ______ piano
3. ______ restaurant
4. ______ taxi
5. ______ statue
6. ______ lettre
7. ______ garage
8. ______ guitare

Activité 10 Listen and choose.

	1.	2.	3.	4.	5.	6.	7.	8.
un garçon								
une fille								

Activité 11 Listen and repeat.

Activité 12 Listen and choose.

	1.	2.	3.	4.	5.	6.	7.	8.
about himself								
about a friend								
to you								

Activité 13 Listen and answer.

Activité 14 Listen and answer.

Activité 15 Listen and choose.

	1.	2.	3.	4.	5.	6.	7.	8.
is								
is not								

Activité 16 Listen and answer.

Conversation Il est d'où, Luc?

Activité A Listen.

Activité B Listen and choose.

1. There are two people talking.
2. Luc is from Paris.
3. Luc is from Cannes.
4. Cannes is on the Côte d'Azur.
5. Sophie does not like the Côte d'Azur.

	1.	2.	3.	4.	5.
true					
false					

Prononciation L'accent tonique

Activité A Listen.

Activité B Listen and repeat.

Lecture culturelle Un garçon et une fille

Activité A Read and listen.

1. Nicolas Martin est espagnol.
2. Il est élève dans un lycée à Paris.
3. Le lycée Henri IV est une école secondaire en France.
4. Valérie Boucher est de Fort-de-France.
5. Fort-de-France est la capitale de la France.
6. La Martinique est une île.

Activité B Read and choose.

1. Nicolas Martin est espagnol.
2. Il est élève dans un lycée à Paris.
3. Le lycée Henri IV est une école secondaire en France.
4. Valérie Boucher est de Fort-de-France.
5. Fort-de-France est la capitale de la France.
6. La Martinique est une île.

	1.	2.	3.	4.	5.	6.
vrai						
faux						

Nom ______________________ Date ______________________

Deuxième partie

Activité A Listen and choose.

____

____

____

____

Activité B Listen and circle.

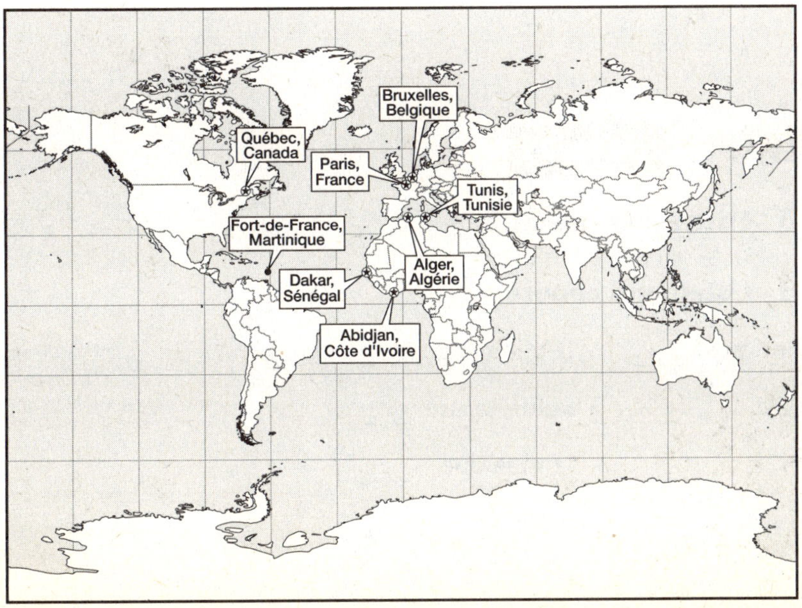

CHAPITRE 2

Nom ______________________ Date ____________

Les cours et les profs

Première partie

Vocabulaire Mots 1

Activité 1 **Listen and repeat.**

Activité 2 **Listen and choose.**

____

____

____

____

Vocabulaire Mots 2

Activité 3 **Listen and repeat.**

Activité 4 **Listen and choose.**

l'informatique	____	la géométrie	____
la biologie	____	la littérature	____
l'anglais	____	la musique	____
la géographie	____	le dessin	____
le français	____		

Nom ______________________ Date ______________________

Activité 5 **Listen and circle.**

LOTO

94	100	78	96	99	87
71	81	92	72	86	75
83	90	76	80	59	98
84	97	70	91	34	79
68	73	89	67	74	46
82	95	77	88	93	85

Structure

Activité 6 **Listen and choose.**

	1.	2.	3.	4.	5.	6.	7.	8.
une personne								
deux personnes								

Activité 7 **Listen and choose.**

	1.	2.	3.	4.	5.
masculin					
féminin					

Activité 8 **Listen and answer.**

Activité 9 **Listen and repeat.**

Activité 10 **Listen and choose.**

	1.	2.	3.	4.	5.	6.	7.	8.
un(e) ami(e)								
un(e) adulte								

Nom ______________________________ Date ______________________

Conversation **Quel prof?**

Activité A **Listen.**

Activité B **Listen and choose.**

	1.	2.	3.	4.	5.	6.	7.
vrai							
faux							

Prononciation **Les consonnes finales**

Activité A **Listen and repeat.**

petit	grand	intéressant	français
amusant	intelligent	patient	blond

le copain / les copains
une copine / des copines
le garçon / les garçons
la fille / les filles

Tous les copains de Vincent sont sympathiques.
Les cours de maths sont très difficiles.

Lettres et sons **Les consonnes finales**

Activité B **Listen and write.**

Salu_____ les ami_____! Nou_____ somme_____ dans un restaurant françai_____ «le Café de Paris». Il est sept heure_____ du soir. Les élève_____ de Monsieu_____ Leduc, le professeur de français, son_____ tous là. Il_____ sont trè_____ enthousiaste_____ et un peu impatient_____ aussi: ils sont là pour un dîner sympa avec Monsieur Leduc!

Nom ________________________________ Date ____________________

Lecture culturelle **Le français aux États-Unis**

Activité A **Listen.**

1. Port-au-Prince est la capitale d'Haïti.
2. En Haïti, on parle le français et l'espagnol.
3. Dans le Vermont, beaucoup de personnes sont d'origine canadienne.
4. Les Cajuns sont des Anglais.
5. L'influence cajun n'est pas forte en Louisiane.
6. Le français est une langue officielle en Louisiane.

Activité B **Read and choose.**

1. Port-au-Prince est la capitale d'Haïti.
2. En Haïti, on parle le français et l'espagnol.
3. Dans le Vermont, beaucoup de personnes sont d'origine canadienne.
4. Les Cajuns sont des Anglais.
5. L'influence cajun n'est pas forte en Louisiane.
6. Le français est une langue officielle en Louisiane.

	1.	2.	3.	4.	5.	6.
vrai						
faux						

Deuxième partie

Activité A **Listen and write.**

8h 9h 10h 11h 12h 2h 3h 4h 5h

MARDI **salle**								
VENDREDI **salle**								

CHAPITRE 3

Nom ______________________ Date ______________

Pendant et après les cours

Première partie

Vocabulaire — Mots 1

Activité 1 **Listen and repeat.**

Activité 2 **Listen and choose.**

____

____

____

____

____

Vocabulaire — Mots 2

Activité 3 **Listen and repeat.**

Nom ______________________________ Date ______________________

Activité 4 **Listen and choose.**

1. ______________

2. ______________

3. ______________

4. ______________

5. ______________

6. ______________

Activité 5 **Listen and circle.**

LOTO

481	203	821	644	476
716	525	315	164	941
100	406	935	626	884
543	740	101	796	347
285	396	562	240	906

Structure

Activité 6 **Listen and choose.**

	1.	2.	3.	4.	5.	6.	7.	8.
une personne								
deux personnes								

Activité 7 **Listen.**

Activité 8 **Listen and repeat.**

Activité 9 **Listen and perform!**

Sue: Tu n'es pas français, toi?

Luc: ______________________

Sue: Mais tu parles français!

Luc: ______________________

Sue: Et comment ça, si tu n'es pas français?

Luc: ______________________

Sue: Ah, c'est vrai. On parle français en Belgique.

Activité 10 **Listen and answer.**

Activité 11 **Listen and answer.**

Activité 12 **Listen and answer.**

Conversation **Un élève français aux États-Unis**

Activité A **Listen.**

Activité B **Listen and choose.**

	1.	2.	3.	4.	5.
vrai					
faux					

Nom ______________________________ Date ______________________

Prononciation Les sons /é/ et /è/

Activité A Listen and repeat.

la télé   l'école   la journée   parler   écoutez

après   la cassette   vous êtes   le collège

Après l'école, les élèves aiment écouter des cassettes.

Elles aiment regarder la télé.

Lettres et sons Le son /é/ = é, er, ez, es   Le son /è/ = è, ê, ai

Activité B Listen, read, and repeat.

- The closed sound is indicated by an **accent aigu.**
- The open sound is indicated by an **accent grave** or an **accent circonflexe.**

l'école   le lycée   américain   le café   la télé   l'école

très   une matière   après   l'algèbre   un frère

une fête   être   vous êtes   même

français   anglais   habiter   vous rigolez   une semaine   les élèves

Activité C Listen and write.

L______ ______l______ves du lyc______e de Nice ne sont pas tous franç______. Richard et John sont am______ricains. Ils aiment regard______ la t______l______ franç______se. Et vous? Vous aim______ regard______ la télé, ______cout______ la radio, parl______ au t______l______phone?

Lecture culturelle Une journée avec Jacqueline

Activité A Listen.

1. La Sorbonne est une université.
2. Le Quartier latin est le quartier des étudiants et des lycéens.
3. Louis-le-Grand est une université.
4. À Louis-le-Grand, les cours commencent à sept heures et demie.
5. Jacqueline rentre chez elle pour le déjeuner.
6. Jacqueline rentre chez elle à cinq heures de l'après-midi.

Activité B Read and choose.

1. La Sorbonne est une université.
2. Le Quartier latin est le quartier des étudiants et des lycéens.
3. Louis-le-Grand est une université.
4. À Louis-le-Grand, les cours commencent à sept heures et demie.
5. Jacqueline rentre chez elle pour le déjeuner.
6. Jacqueline rentre chez elle à cinq heures de l'après-midi.

	1.	2.	3.	4.	5.	6.
vrai						
faux						

Deuxième partie

Activité A Listen and choose.

	1.	2.	3.	4.	5.	6.	7.	8.
dans un magasin								
à l'école								
à la maison								

Activité B Listen and choose.

	1.	2.	3.	4.	5.
français					
américains					

CHAPITRE 4

Nom ______________________ Date ____________

La famille et la maison

Première partie

Vocabulaire Mots 1

Activité 1 **Listen and repeat.**

Activité 2 **Listen and repeat.**

Activité 3 **Listen and choose.**

	1.	2.	3.	4.	5.	6.	7.	8.	9.	10.
vrai										
faux										

Nom ______________________ Date ______________

Vocabulaire Mots 2

Activité 4 **Listen and repeat.**

Activité 5 **Listen and choose.**

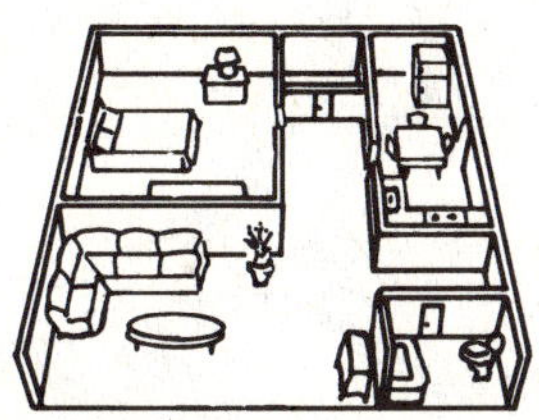

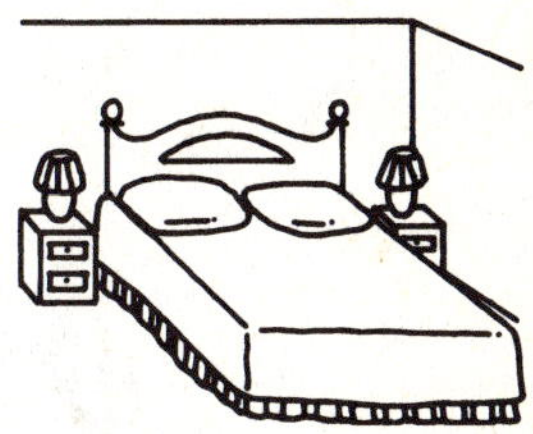

Structure

Activité 6 **Listen.**

Activité 7 **Listen and repeat.**

Nom ______________________________ Date ____________________

Activité 8 **Listen and perform!**

Flore: Tu as un frère?

Rémi: ______________________________

Flore: Tu as une sœur? Elle a quel âge?

Rémi: ______________________________

Flore: Et toi, tu as quel âge?

Rémi: ______________________________

Flore: Et... vous avez un chien?

Rémi: ______________________________

Activité 9 **Listen and answer.**

Activité 10 **Listen and answer.**

Activité 11 **Listen and answer.**

Activité 12 **Listen and answer.**

Conversation **Ma nouvelle adresse**

Activité A **Listen.**

Activité B **Listen and choose.**

	1.	2.	3.	4.	5.	6.
vrai						
faux						

Nom ____________________________ Date ____________________

Prononciation **Le son /ã/**

Activité A **Listen and repeat.**

Lettres et sons **Le son /ã/ = an, en**

Activité B **Listen, read, and repeat.**

- The sound /ã/ is often spelled a-n.

  François est fantastique.
  Il est français.
  Il est grand, amusant.

- The sound /ã/ is also spelled e-n.

  Mes parents ont trente-neuf ans.

But be careful! You know that the ending of the plural **ils** form of **-er** verbs is **-ent.** But this ending is never pronounced.

Ils regardent la télé.
Elles parlent.

Activité C **Listen and write.**

1. Les __________ de mes oncles et mes __________ sont mes cousins.
2. Ses __________ n'__________ pas le mois de __________.
3. Mes __________ - __________ __________ __________.

Lecture culturelle **Où habitent les Français?**

Activité A **Read and listen.**

1. Un studio est un appartement.
2. Les H.L.M. sont généralement en ville.
3. Les petites maisons individuelles sont généralement en banlieue.
4. Les Duval habitent en banlieue.
5. Ils habitent au sixième étage.
6. Ils habitent près du musée du Louvre.

Nom ______________________ Date ______________________

Activité B Read and choose.

1. Un studio est un appartement.
2. Les H.L.M. sont généralement en ville.
3. Les petites maisons individuelles sont généralement en banlieue.
4. Les Duval habitent en banlieue.
5. Ils habitent au sixième étage.
6. Ils habitent près du musée du Louvre.

	1.	2.	3.	4.	5.	6.
vrai						
faux						

Deuxième partie

Activité A Listen and choose.

RUE DE LA SORBONNE
Beau studio s/cour tout confort—salle de bains 01.45.22.60.11

____

• • • TROCADERO • • •
Apt grand standing
6 pièces, 2-3 chambres
150 m^2 + balcon
2 bains, métro, RER
01.45.20.17.85

____

VERSAILLES 5mns centre
maison 2 pièces, chambre
living/salle à manger
jardin, libre janvier
01.34.13.25.20

____

Champs-Élysées
Très beau studio
s/avenue, balcon,
vue sur Arc-de-Triomphe
Après 20 h 01.47.23.91.85

____

ROQUEFORT-LES-PINS
Entre Cannes et Nice
Superbe villa, belle vue
sur la mer, living 50 m^2
4 chambres, 2 bains
Tel: 04.16.93.07.36

____

AGENCE DE LA SOURCE
Tél 01.46.20.35.22
Fax 01.46.20.36.42
JOINVILLE-LE-PONT pavillon
5 pièces, 5mns RER, jardin

____

Activité B **Listen and match.**

M. ET MME ROBERT

M. ET MME DE VILLIERS

M. ET MME GERMAIN

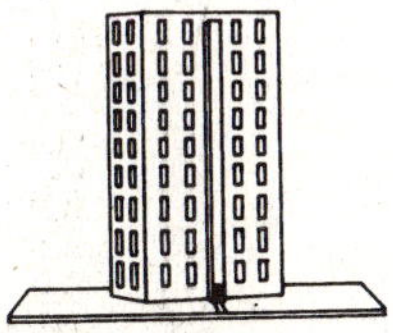

M. ET MME LELONG

CHAPITRE 5

Nom _______________ Date _______________

Au café et au restaurant

Première partie

Vocabulaire Mots 1

Activité 1 Listen and repeat.

Activité 2 Listen and choose.

____

____

____

____

____

____

Activité 3 Listen and choose.

	1.	2.	3.	4.	5.	6.	7.	8.
elle a faim								
elle a soif								

Vocabulaire Mots 2

Activité 4 Listen and repeat.

Nom ______________________________ Date ________________

Activité 5 **Listen and choose.**

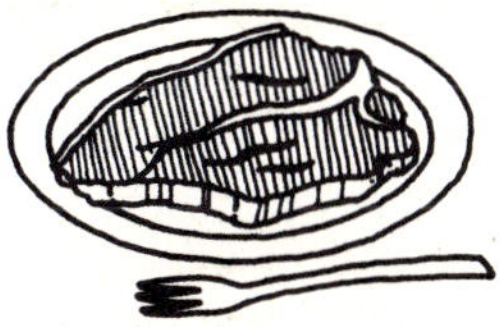  

______ ______ ______

______ ______ ______

Structure

Activité 6 **Listen.**

Activité 7 **Listen and repeat.**

Activité 8 **Listen and perform!**

Marie: Salut, Paul! Ça va?

Paul: ______________________________

Marie: Ça va. Tu vas où, là?

Paul: ______________________________

Marie: Tu y vas tout seul?

Paul: ______________________________

Marie: Pourquoi pas!

Activité 9 **Listen and answer.**

Activité 10 **Listen and answer.**

	1.	2.	3.	4.	5.	6.	7.	8.
aller								
avoir								

Nom ____________________________________ Date ______________________

Activité 11 **Listen and choose.**

	1.	2.	3.	4.	5.	6.	7.	8.
maintenant								
ce soir								

Activité 12 **Listen and choose.**

	1.	2.	3.	4.	5.	6.
une personne						
deux personnes						

Activité 13 **Listen and answer.**

Modèle: 

1. 

2. 

3. 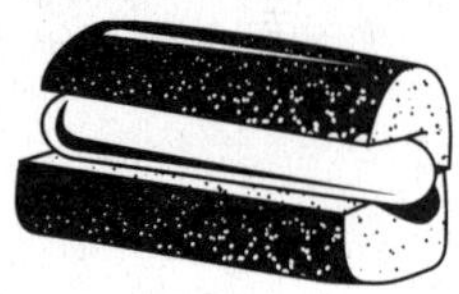

4. 

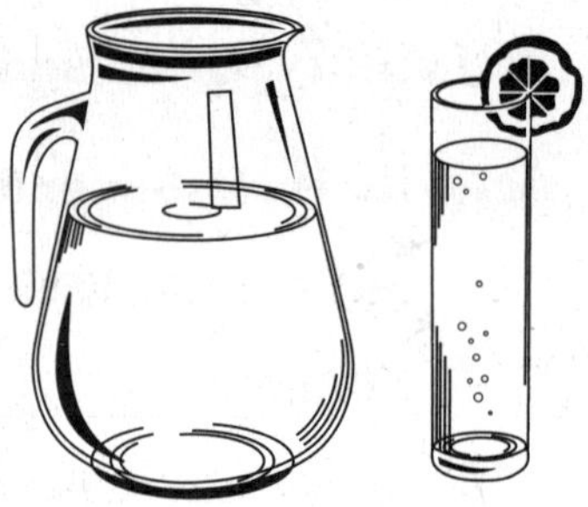
5.

Conversation **Au restaurant**

Activité A **Listen.**

Activité B **Listen and choose.**

	1.	2.	3.	4.	5.	6.	7.	8.	9.
vrai									
faux									

Prononciation **Le son /r/**

Activité A **Listen and repeat.**

Nom ______________________________ Date ____________________

Lecture culturelle Au restaurant? Vraiment?

Activité A Read and listen.

1. Les trois copains vont dîner ensemble.
2. Tango est un copain de Julie.
3. Tango accompagne toujours Julie au restaurant.
4. Julie invite ses copains.
5. Valentin invite ses copains.
6. En France, «inviter», c'est «payer».

Activité B Read and choose.

1. Les trois copains vont dîner ensemble.
2. Tango est un copain de Julie.
3. Tango accompagne toujours Julie au restaurant.
4. Julie invite ses copains.
5. Valentin invite ses copains.
6. En France, «inviter», c'est «payer».

	1.	2.	3.	4.	5.	6.
vrai						
faux						

Deuxième partie

Activité A Listen and choose.

	1.	2.	3.	4.	5.	6.
à la maison						
au restaurant						

Activité B Listen and choose.

Activité C Listen, read, and choose.

1. Les Français mangent beaucoup au petit déjeuner.
2. Les enfants mangent quelquefois des céréales.
3. En France, on ne déjeune pas après une heure.
4. Les enfants déjeunent souvent à la cantine.
5. Les parents déjeunent toujours à la maison.
6. On dîne à six heures.
7. On dîne souvent dans la cuisine.
8. On dîne en famille.

	1.	2.	3.	4.	5.	6.	7.	8.
vrai								
faux								

CHAPITRE 6

Nom ______________________ Date ____________

La nourriture et les courses

Première partie

Vocabulaire Mots 1

Activité 1 Listen and repeat.

Activité 2 Listen and choose.

	1.	2.	3.	4.	5.	6.	7.
à la boulangerie-pâtisserie							
à la charcuterie							
à la boucherie							
à la crémerie							
à la poissonnerie							

Activité 3 Listen and answer.

Vocabulaire Mots 2

Activité 4 Listen and repeat.

Activité 5 Listen and choose.

	1.	2.	3.	4.	5.	6.	7.	8.	9.	10.
légume(s)										
fruit										

Nom ______________________________ Date ____________________

Activité 6 **Listen and choose.**

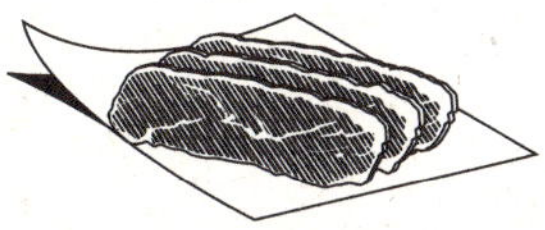

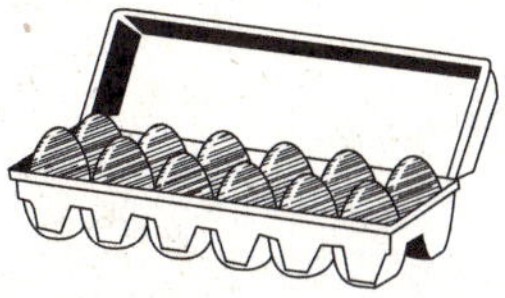

Structure

Activité 7 **Listen.**

Activité 8 **Listen and repeat.**

Activité 9 **Listen and perform!**

Éric: Salut, Anne! Ça va?

Anne: ______________________________

Éric: Je fais les courses.

Anne: ______________________________

Éric: Merci, mais j'ai beaucoup de choses différentes à acheter. Je vais aller au supermarché.

Anne: ______________________________

Éric: D'accord.

Activité 10 **Listen and answer.**

Nom ______________________________ Date ____________________

Activité 11 **Listen and answer.**

Activité 12 **Listen and answer.**

Activité 13 **Listen and choose.**

	1.	2.	3.	4.	5.	6.	7.	8.
Amélie								
Amélie et sa sœur								
Guillaume								
Guillaume et Amélie								

Conversation **Au marché**

Activité A **Listen.**

Activité B **Listen and choose.**

	1.	2.	3.	4.	5.	6.
vrai						
faux						

Nom ______________________________________ Date ____________________

Prononciation **Le sons /œ́/ and /œ̀/**

Activité A **Listen and repeat.**

Lettres et sons **Le son /œ́/ = eu, œu** **Le son /œ̀/ = eu, œu**

Activité B **Listen, read, and repeat.**

Open sound /œ̀/	Closed sound /œ́/
un œuf	des œufs
elles veulent	elle veut
ils peuvent	il peut
leur sœur	un peu
du bœuf	deux

Activité C **Listen and write.**

L______r s______r v______t du b______rre et des ______fs. Il faut aussi du b______f et un p______ de pain. Vite! Parce qu'il est bientôt l'h______re de manger.

Lecture culturelle **Les courses**

Activité A **Read and listen.**

1. En France, les petits magasins sont fermés le lundi.
2. Mme Lelong achète du pain tous les jours.
3. En France, les petits magasins sont fermés entre une heure et quatre heures de l'après-midi.
4. Les Français aiment bien aller au supermarché.
5. Au supermarché, les prix sont très chers.
6. Les Français aiment bavarder avec les petits commerçants.

Activité B **Read and choose.**

1. En France, les petits magasins sont fermés le lundi.
2. Mme Lelong achète du pain tous les jours.
3. En France, les petits magasins sont fermés entre une heure et quatre heures de l'après-midi.
4. Les Français aiment bien aller au supermarché.
5. Au supermarché, les prix sont très chers.
6. Les Français aiment bavarder avec les petits commerçants.

	1.	2.	3.	4.	5.	6.
vrai						
faux						

Nom ________________ Date ________________

Deuxième partie

Activité A Listen and choose.

PAPA

MAMAN

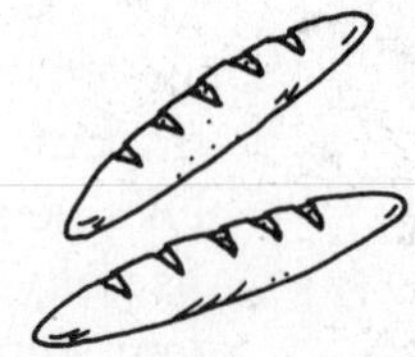

GRAND-MÈRE

GRAND-PÈRE

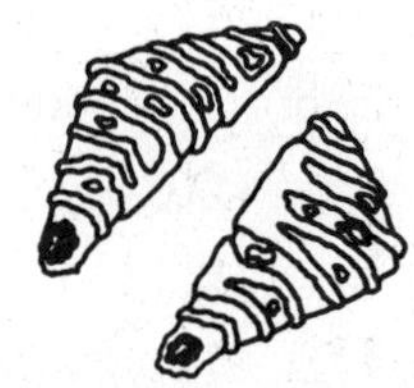

TANTE JACQUELINE

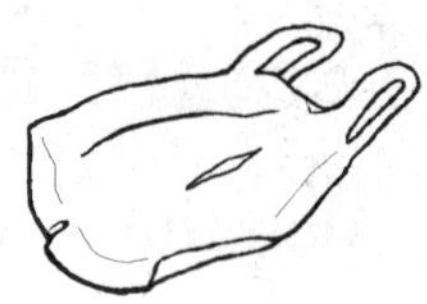

ROBERT

CAROLINE

Activité B Listen and choose.

	1.	2.	3.	4.	5.	6.	7.	8.
trop								
assez								
pas assez								

CHAPITRE 7

Nom ________________________ Date ____________

Les vêtements

Première partie

Vocabulaire **Mots 1**

Activité 1 **Listen and repeat.**

Activité 2 **Listen and choose.**

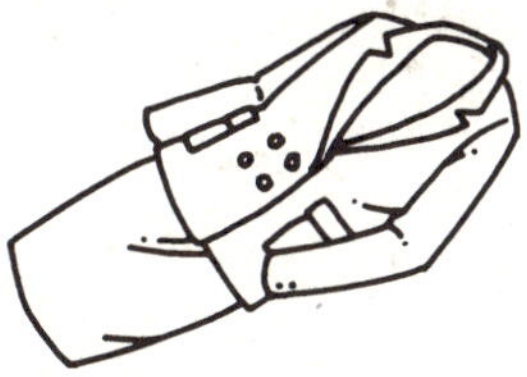

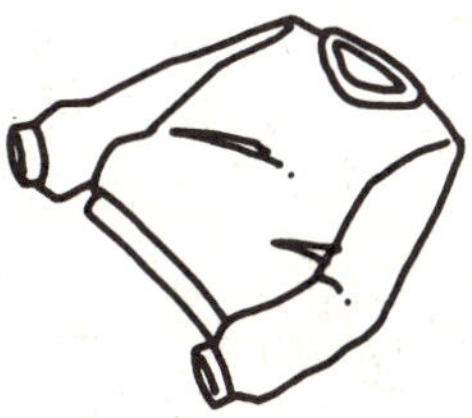

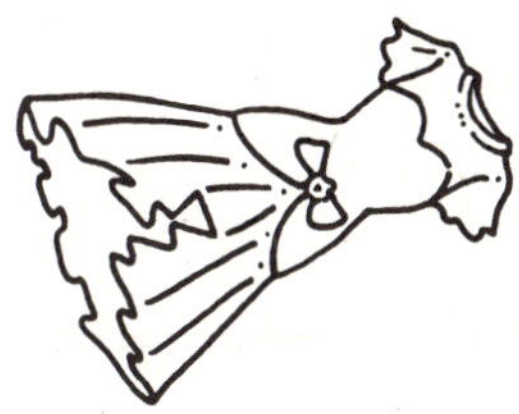

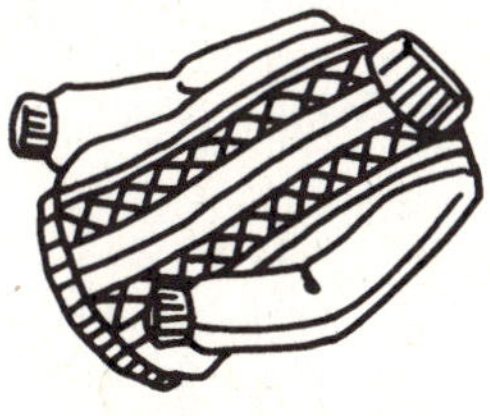

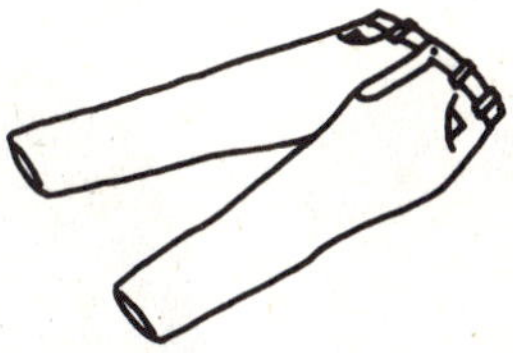

Activité 3 **Listen and choose.**

	1.	2.	3.	4.	5.	6.	7.	8.
sport								
habillé								

Vocabulaire **Mots 2**

Activité 4 **Listen and repeat.**

Activité 5 **Listen and choose.**

serré ______

court ______

au-dessous ______

grand ______

pas cher ______

Activité 6 **Listen and answer.**

Activité 7 **Listen and choose.**

	1.	2.	3.	4.	5.	6.
un garçon						
une fille						

Structure

Activité 8 **Listen and answer.**

bleu

noir

jaune

grise

Nom ______________________ Date ______________

Activité 9 **Listen and answer.**

Activité 10 **Listen and answer.**

Conversation **Dans une petite boutique**

Activité A **Listen.**

Activité B **Listen and choose.**

	1.	2.	3.	4.	5.	6.
vrai						
faux						

Prononciation **Les sons /sh/ et /zh/**

Activité A **Listen and repeat.**

Lettres et sons **Le son /sh/ = ch** **Le son /zh/ = j, g + e ou g + i**

Activité B **Listen, read, and repeat.**

acheter chemisier chemise chaussure achat chat chien

jaune beige orange joli géographie biologie

Activité C **Listen and write.**

J'____________ ____________ des vêtements chers. Mais
____________, il y a des soldes. Il y a un ____________
____________ ____________ ____________, et ____________
dans une boutique près de ____________ moi, «Chez ____________».
____________ vais ____________ voir s'ils ont ma taille!

Nom ____________________ Date ____________________

Lecture culturelle On fait des courses où, à Paris?

Activité A Read and listen.

1. Les vêtements des grands couturiers ne sont pas chers.
2. La plupart des Parisiens font leurs achats chez les grands couturiers.
3. Il n'y a pas de grands magasins à Paris.
4. Dans les grands magasins, il y a des soldes deux fois par an.
5. Les marchés aux puces sont fermés le dimanche.
6. Les adolescents aiment aller aux puces.

Activité B Read and choose.

1. Les vêtements des grands couturiers ne sont pas chers.
2. La plupart des Parisiens font leurs achats chez les grands couturiers.
3. Il n'y a pas de grands magasins à Paris.
4. Dans les grands magasins, il y a des soldes deux fois par an.
5. Les marchés aux puces sont fermés le dimanche.
6. Les adolescents aiment aller aux puces.

	1.	2.	3.	4.	5.	6.
vrai						
faux						

Deuxième partie

Activité A Listen and choose.

	1.	2.	3.	4.	5.	6.	7.
un vendeur / une vendeuse							
un client / une cliente							

Activité B Listen and match.

FEMMES					
Chaussures					
États-Unis	6	7	8	9	
France	36	37	38	39	
Robes, Tailleurs, Pulls, Chemisiers					
États-Unis	6	8	10	12	14
France	38	40	42	44	46

HOMMES					
Chaussures					
États-Unis	9	10	11	12	
France	40	41	42	43	
Chemises					
États-Unis	14½	15	15½	16	16½
France	37	38	39	40	41